Impressum
Verlag: BABADADA GmbH, Nedderfeld 112 , 22529 Hamburg
Geschäftsführer / Verlagsleitung: Harald Hof
Druck: Books on Demand GmbH, In de Tarpen 42, 22848 Norderstedt

Imprint
Publisher: BABADADA GmbH, Nedderfeld 112 , 22529 Hamburg, Germany
Managing Director / Publishing direction: Harald Hof
Print: Books on Demand GmbH, In de Tarpen 42, 22848 Norderstedt

colegio
de School

aula
de Klassenstuuv

dividir
delen

186/2

pizarrón
de Tafel

patio de escuela
de Schoolhoff

maestro
de Schoolmeester

papel
dat Papeer

escribir
schrieven

birome
de Sticken

escritorio
de Schrievdisch

regla
dat Lienholt

libro
dat Book

alumno
de Schöler

mochila
de Ranzel

caja de lápices
de Feddermapp

lápiz
de Bleesticken

sacapuntas
de Scharpmaker

goma (de borrar)
dat Radeergummi

bloc de dibujo
de Tekenblock

dibujo
de Teken

pincel
de Pinsel

caja de pinturas
de Malkassen

tijera
de Scheer

pegamento
de Klever

cuaderno de ejercicios
dat Heft to'n Öven

tarea
de Huusopgaav

12

número
de Tall

2+2

sumar
tohooptellen

5-2

restar
aftrecken

2×2

multiplicar
malnehmen

calcular
reken

A

letra
de Bookstaav

**ABCDEFG
HIJKLMN
OPQRSTU
VWXYZ**

abecedario
dat ABC

hello

palabra
dat Woort

texto

de Text

leer

lesen

tiza

de Kried

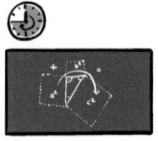

lección

de Stunn

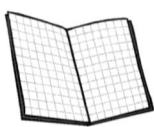

cuaderno de clase

dat Klassenbook

examen

de Pröven

certificado

dat Tüügnis

uniforme escolar

de Schooluniform

educación

de Utbillen

enciclopedia

dat Nakieksel

universidad

de Universität

microscopio

dat Mikroskop

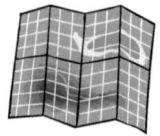

mapa

de Koort

tacho (de basura)

de Papeerkorf

viaje
de Törn

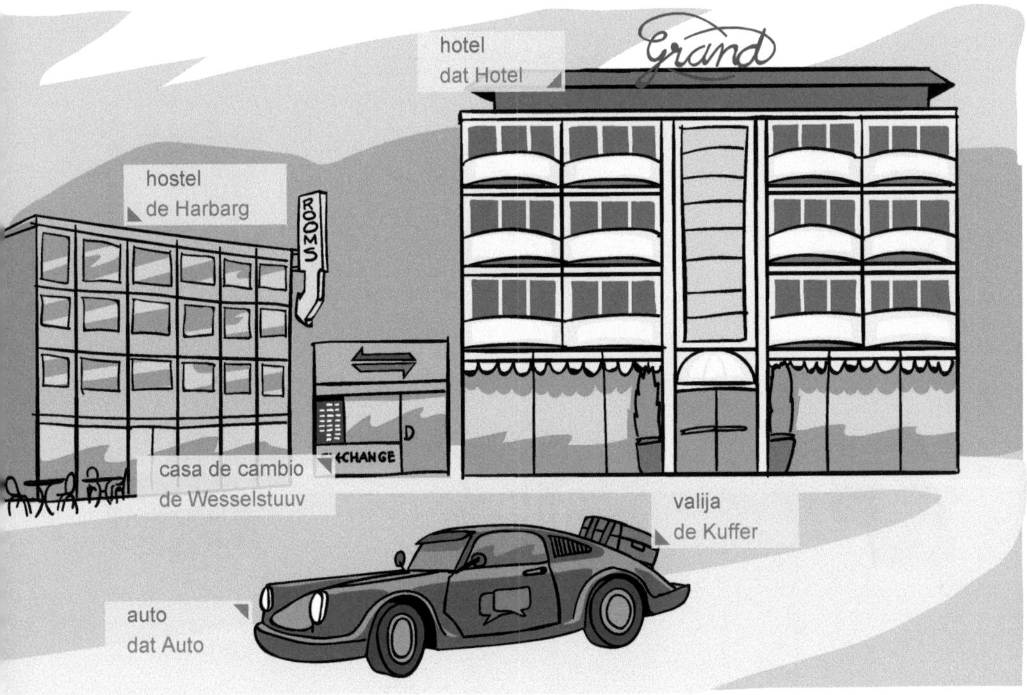
hotel
dat Hotel
Grand
hostel
de Harbarg
ROOMS
casa de cambio
de Wesselstuuv
valija
de Kuffer
auto
dat Auto

idioma

de Spraak

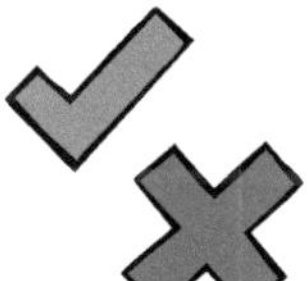

sí / no

jo / ne

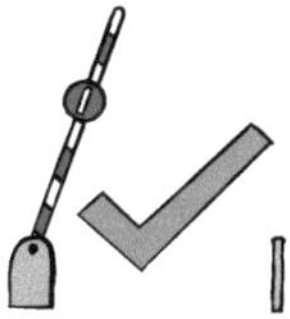

Está bien

Jo

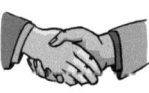

hola

Moin

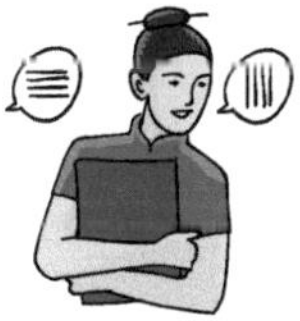

traductor

de Översetter

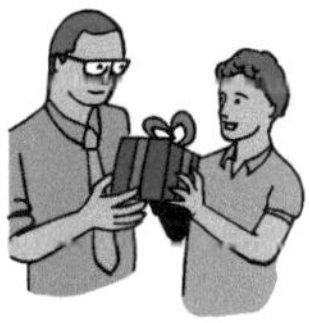

Gracias

Dank ok

¿cuánto cuesta...?

Wat kost...?

No entiendo

Ik verstah nich

problema

dat Problem

¡Buenas tardes!

Goden Avend

¡Buenos días!

Moin!

¡Buenas noches!

Gode Nacht!

adiós

Tschüüs

dirección

de Richt

equipaje

de Bagaasch

bolso

de Tasch

mochila

de Rüchsack

invitado

de Gast

habitación

de Stuuv

bolsa de dormir

de Slaapsack

carpa

dat Telt

información turística

Touristeninformatschoon

playa

de Strand

tarjeta de crédito

de Kreditkoort

desayuno

dat Fröhstück

almuerzo

dat Meddageten

cena

dat Avendeten

pasaje

de Fohrkort

ascensor

de Fohrstohl

sello

de Breefmark

frontera

de Grenz

aduana

de Toll

embajada

de Bottschop

visa

dat Visum

pasaporte

de Pass

transporte
de Transport

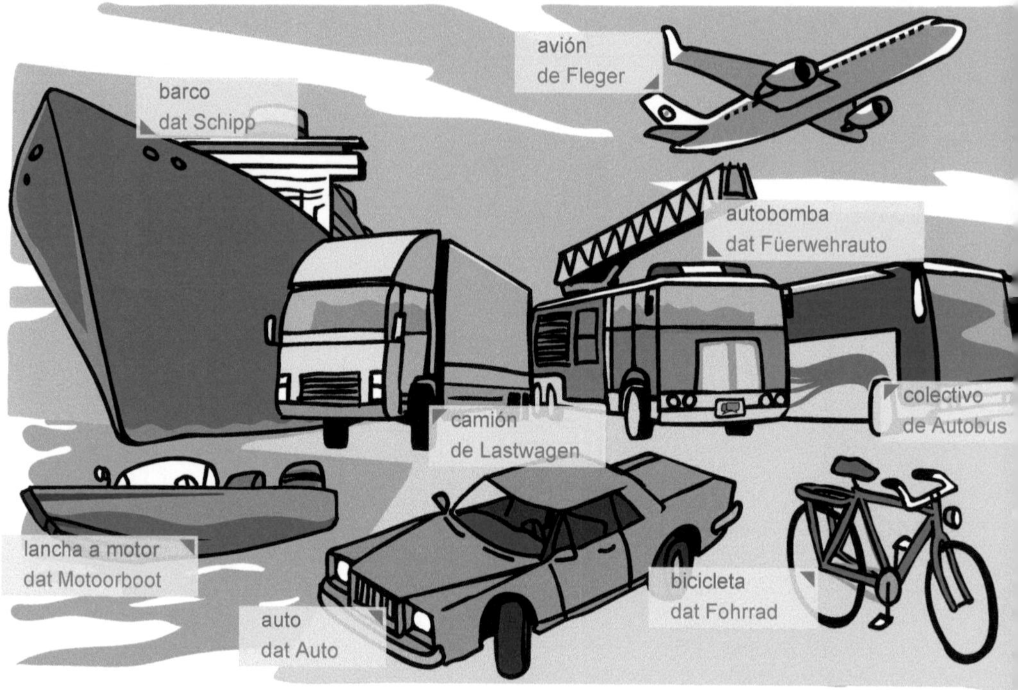

avión
de Fleger
barco
dat Schipp
autobomba
dat Füerwehrauto
colectivo
de Autobus
camión
de Lastwagen
lancha a motor
dat Motoorboot
bicicleta
dat Fohrrad
auto
dat Auto

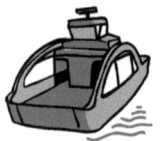

ferry
....
de Fähr

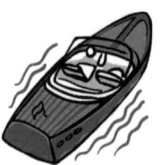

bote
....
dat Boot

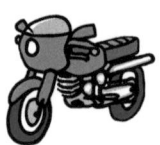

moto
....
dat Motoorrad

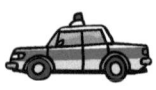

patrullero
....
dat Polizeiauto

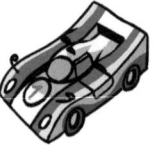

auto de carreras
....
dat Rönnauto

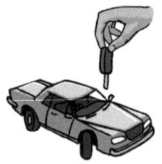

auto de alquiler
....
de Lehnwagen

alquiler de autos

dat Carsharing

grúa

de Afsleepwagen

camión de basura

dat Müllauto

motor

de Motoor

nafta

de Kraftstoff

estación de servicio

de Tanksteed

señal de tránsito

dat Verkehrsschild

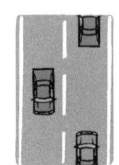

tránsito

de Verkehr

embotellamiento

de Stau

estacionamiento

de Afstellplatz

estación de tren

de Bahnhoff

vías

de Sporen

tren

de Tog

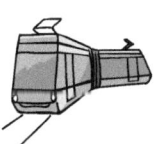

tranvía

de Stratenbahn

vagón

de Wagon

helicóptero

de Dwarsmöhl

aeropuerto

de Flooghaven

torre

de Tower

pasajero

de Fohrgast

contenedor

de Grootkist

caja de cartón

de Karton

carretilla

de Koor

canasta

de Korf

despegar / aterrizar

starten / lannen

ciudad

de Stadt

pueblo

dat Dörp

centro de ciudad

de Binnenstadt

casa

dat Huus

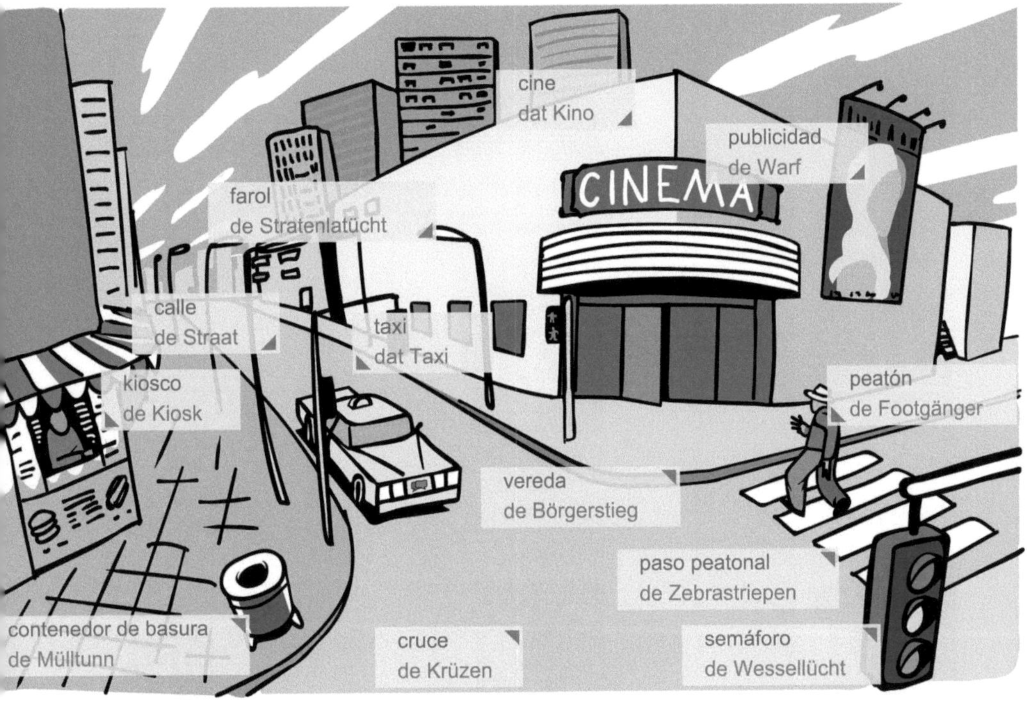

cine
dat Kino

publicidad
de Warf

farol
de Stratenlatücht

CINEMA

calle
de Straat

taxi
dat Taxi

kiosco
de Kiosk

peatón
de Footgänger

vereda
de Börgerstieg

paso peatonal
de Zebrastriepen

contenedor de basura
de Mülltunn

cruce
de Krüzen

semáforo
de Wessellücht

cabaña
de Hütt

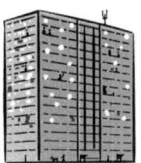

departamento
de Wahnung

estación de tren
de Bahnhoff

municipalidad
dat Raathuus

museo
dat Museum

colegio
de School

universidad

de Universität

banco

de Bank

hospital

dat Krankenhuus

hotel

dat Hotel

farmacia

de Afteek

oficina

dat Büro

librería

de Bookhökerie

negocio

de Hökerie

florería

de Blomenhökerie

supermercado

de Supermarkt

mercado

de Markt

grandes tiendas

dat Koophuus

pescadería

de Fischhökerie

centro comercial

dat Inkoopszentrum

puerto

de Haven

parque

de Parkanlaag

banco

de Bank

puente

de Brüch

escaleras

de Trepp

subte

de Ünnergrundbahn

túnel

de Tunnel

parada del colectivo

de Busstoppsteed

bar

de Bar

restaurante

dat Spieslokal

buzón

de Breefkassen

letrero

dat Stratenschild

parquímetro

de Parkklock

zoológico

de Deertenpark

pileta

de Baadanstalt

mezquita

de Moschee

granja

de Buernhoff

contaminación

de Ümweltversmudden

cementerio

de Karkhoff

iglesia

de Kark

juegos infantiles

de Speelplatz

templo

de Tempel

paisaje
de Landschop

hoja
dat Blatt

poste indicador
de Wiespahl

camino
de Weg

pradera
de Wisch

piedra
de Steen

árbol
de Boom

excursionista
de Wannerer

río
de Fluss

hierba
dat Gras

flor
de Bloom

valle
dat Daal

montaña
de Barg

lago
de See

bosque
dat Holt

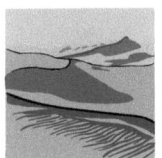

desierto
de Wööst

volcán
de Füerspien Barg

castillo
dat Slott

arco iris
de Regenbagen

champiñón
de Poggenstohl

palmera
de Palm

mosquito
de Steekmück

mosca
de Fleeg

hormiga
de Miegeemk

abeja
de Imm

araña
de Spinn

escarabajo

de Sebber

rana

de Pogg

ardilla

de Katteker

erizo

de Swienegel

liebre

de Haas

lechuza

de Uul

pájaro

de Vagel

cisne

de Swaan

jabalí

dat Wildswien

ciervo

de Hirsch

alce

de Elk

presa

de Staudamm

aerogenerador

dat Windrad

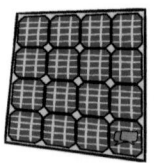

panel solar

dat Solarmodul

clima

dat Klima

restaurante
dat Spieslokal

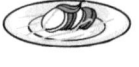

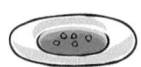

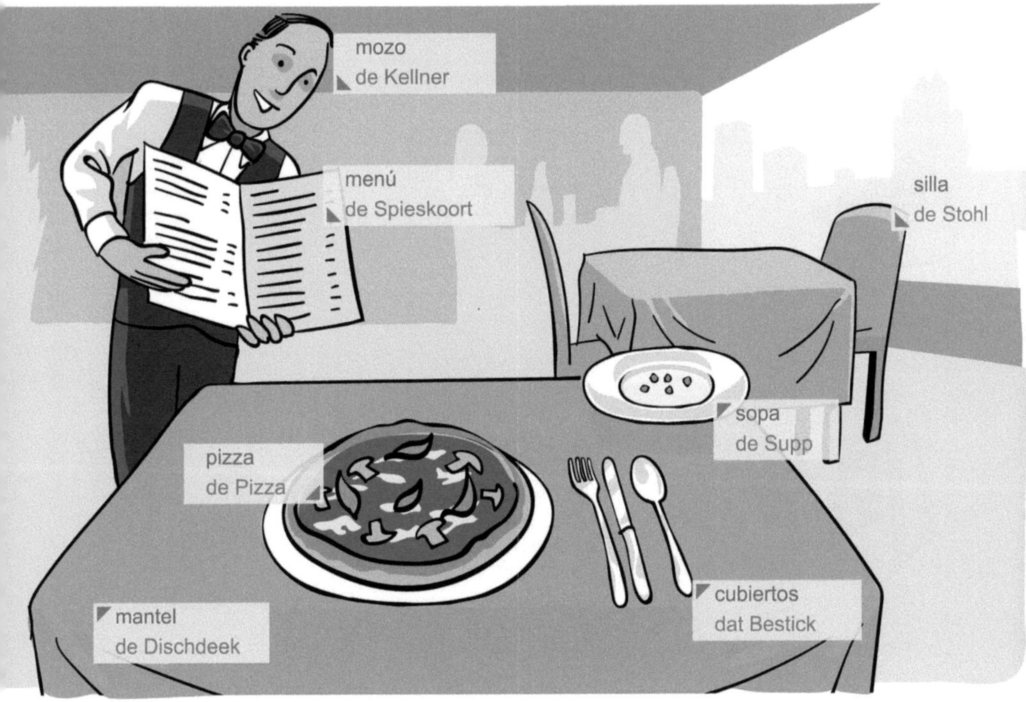
mozo
de Kellner
menú
de Spieskoort
silla
de Stohl
sopa
de Supp
pizza
de Pizza
cubiertos
dat Bestick
mantel
de Dischdeek

entrada

de Vörspies

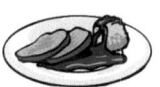

plato principal

dat Haupteten

postre

de Nadisch

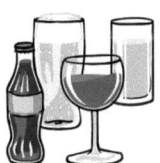

bebidas

de Drünk

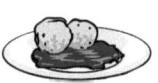

comida

dat Eten

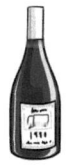

botella

de Buddel

comida rápida

dat Fastfood

comida callejera

dat Strateneten

tetera

de Teekann

azucarera

de Zuckerdoos

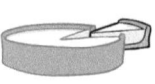

porción

de Portschoon

cafetera expreso

de Espressomaschien

sillita alta

de Hoochstohl

cuenta

de Reken

bandeja

dat Tablett

cuchillo

dat Mess

tenedor

de Gavel

cuchara

de Lepel

cucharita

de Teelepel

servilleta

dat Munddook

vaso

dat Glas

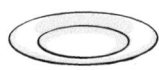

plato
de Töller

plato hondo
de Suppentöller

plato
de Ünnertass

salsa
de Sooß

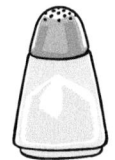

salero
de Soltstreuer

molinillo de pimienta
de Pepermöhl

vinagre
de Etig

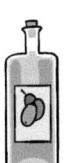

aceite
dat Ööl

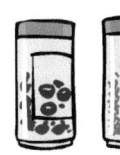

especias
de Krüder

kétchup
de Ketchup

mostaza
de Mostrich

mayonesa
de Mayonnaise

supermercado
de Supermarkt

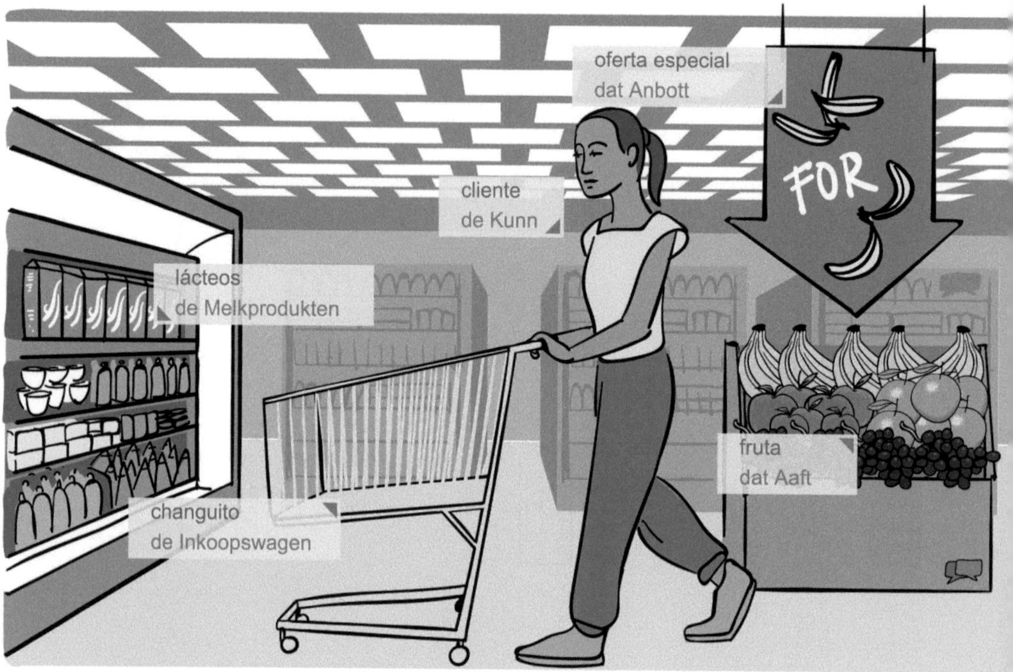

oferta especial
dat Anbott
FOR
cliente
de Kunn
lácteos
de Melkprodukten
fruta
dat Aaft
changuito
de Inkoopswagen

BUTCHERS

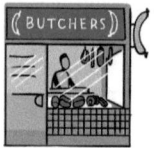

carnicería

de Slachterie

BAKERY

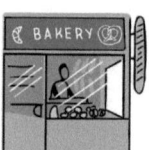

panadería

de Bäckerie

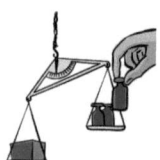

pesar

wegen

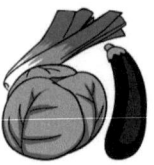

verduras

de Gröönsaken

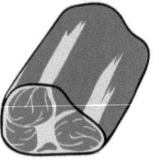

carne

dat Fleesch

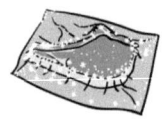

alimentos congelados

de Deepköhlkost

fiambres

de Opsnitt

alimentos enlatados

de Konserven

detergente en polvo

de Waschmiddel

golosinas

de Snoopkraam

electrodomésticos

de Huushooltssaken

productos de limpieza

de Reinmaaktüüch

vendedora

de Verköpersche

caja

de Kass

cajero

de Kasserer

lista de compras

de Inkoopslist

horario de atención

de Opsparrtieden

billetera

de Breeftasch

tarjeta de crédito

de Kreditkoort

cartera

de Tasch

bolsa de plástico

de Plastiktüüt

agua

dat Water

jugo

de Saft

leche

de Melk

bebida cola

de Cola

vino

de Wien

cerveza

dat Beer

alcohol

de Spriet

cacao

de Kakao

té

de Tee

café

de Koffie

café expreso

de Espresso

cappuccino

de Cappucino

banana
....
de Banaan

manzana
....
de Appel

naranja
....
de Appelsien

melón
....
de Meloon

limón
....
de Zitroon

zanahoria
....
de Wöttel

ajo
....
de Knuuvlook

bambú
....
de Bambus

cebolla
....
de Zibbel

champiñón
....
de Poggenstohl

nueces
....
de Nööt

fideos
....
de Nudeln

tallarines
....
de Spaghetti

arroz
....
de Ries

ensalada
....
de Salat

papas fritas
....
de Pommes frites

papas fritas
....
de Braadkantüffeln

pizza
....
de Pizza

hamburguesa
....
de Hamborger

sándwich
....
dat Sandwich

churrasco
....
dat Snitzel

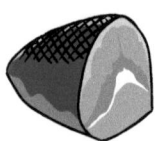

jamón
....
de Schinken

salame
....
de Salami

salchicha
....
de Wust

pollo
....
dat Hohn

asado
....
de Braden

pescado
....
de Fisch

copos de avena

de Haverflocken

muesli

dat Müsli

copos de maíz

de Cornflakes

harina

dat Mehl

medialuna

de Croissant

pancito

dat Rundstück

pan

dat Broot

tostada

dat Toast

galletitas

de Keksen

manteca

de Botter

cuajada

de Quark

torta

de Koken

huevo

dat Ei

huevo frito

dat Spegelei

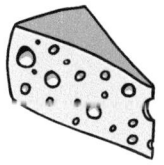

queso

de Kees

helado

de les

azúcar

de Zucker

miel

de Honnig

mermelada

de Marmelaad

pasta de chocolate

de Nougat-Creme

curry

dat Curry

granja
de Buernhoff

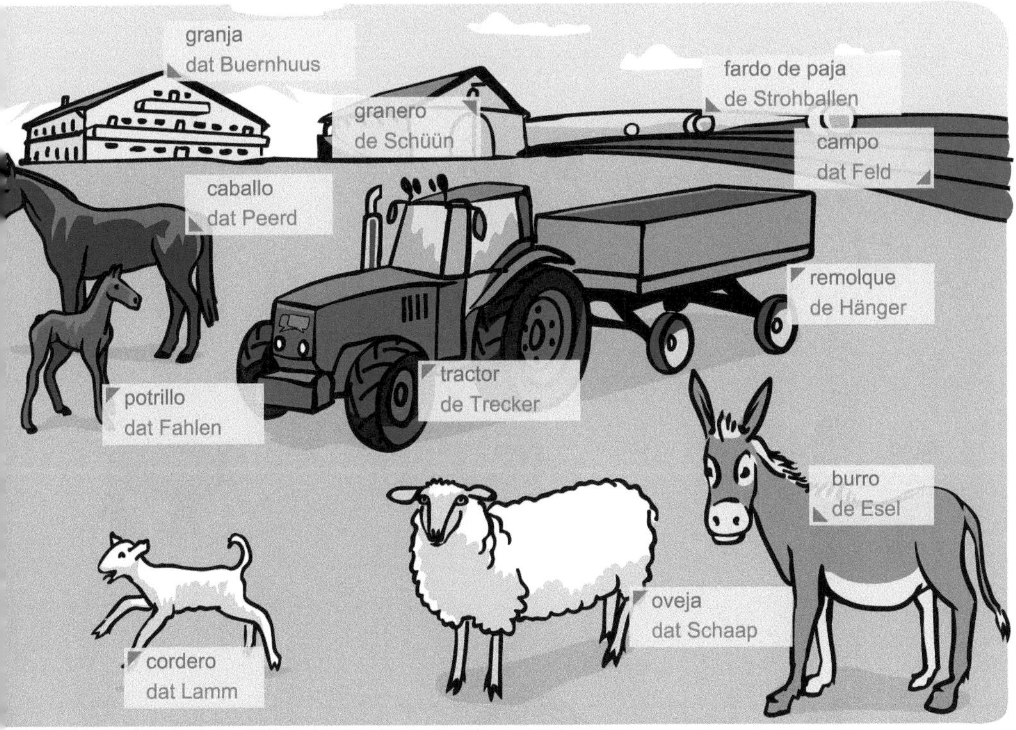
granja
dat Buernhuus
granero
de Schüün
fardo de paja
de Strohballen
campo
dat Feld
caballo
dat Peerd
remolque
de Hänger
tractor
de Trecker
potrillo
dat Fahlen
burro
de Esel
oveja
dat Schaap
cordero
dat Lamm

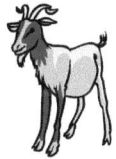

cabra

de Zeeg

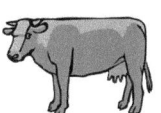

vaca

de Koh

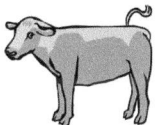

ternero

dat Kalf

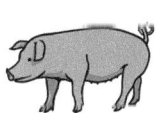

cerdo

dat Swien

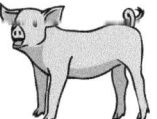

lechón

dat Farken

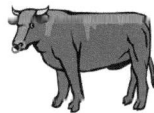

toro

de Bull

ganso

de Goos

pato

de Aant

pollo

dat Küken

gallina

dat Hohn

gallo

de Hahn

rata

de Rott

gato

de Katt

ratón

de Muus

buey

de Oss

perro

de Hund

cucha

de Hunnenhütt

manguera

de Goornslauch

regadera

de Geetkann

guadaña

de Lee

arado

de Ploog

hoz

de Sich

azada

de Hack

horquilla

de Mestfork

hacha

de Ext

carretilla

de Schuufkoor

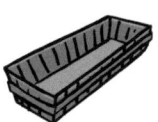

abrevadero

de Trog

lechera

de Melkkann

bolsa

de Sack

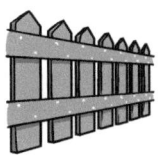

reja

de Tuun

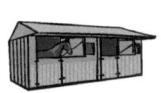

establo

de Stall

invernadero

dat Drievhuus

suelo

de Bodden

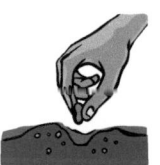

semilla

de Saat

fertilizador

de Dünger

cosechadora

de Meihdöscher

cosechar

oornen

cosecha

de Oorn

batatas

de Yamswöttel

trigo

de Weten

soja

dat Soja

papa

de Kantüffel

maíz

de Törksche Weten

semilla de colza

de Rapp

árbol frutal

de Aaftboom

mandioca

de Troopsch Kantüffel

cereales

dat Koorn

casa
dat Huus

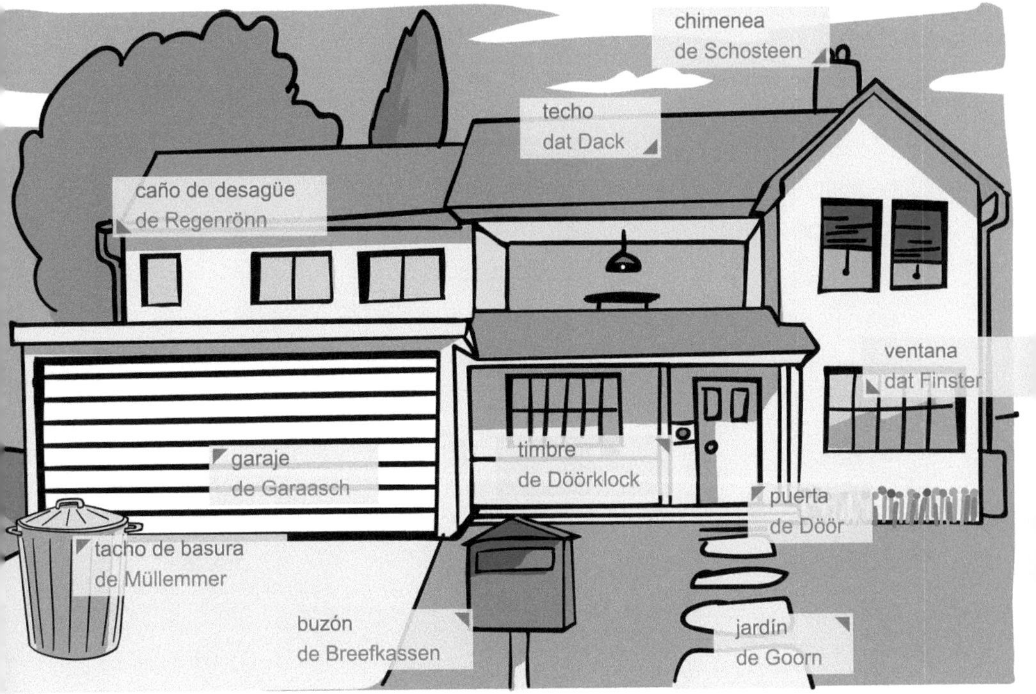
chimenea
de Schosteen
techo
dat Dack
caño de desagüe
de Regenrönn
ventana
dat Finster
garaje
de Garaasch
timbre
de Döörklock
puerta
de Döör
tacho de basura
de Müllemmer
buzón
de Breefkassen
jardín
de Goorn

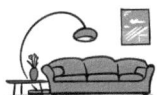

living

de Wahnstuuv

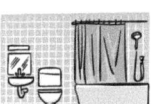

baño

de Baadstuuv

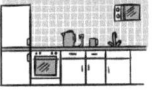

cocina

de Köök

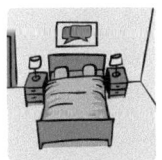

dormitorio

de Slaapstuuv

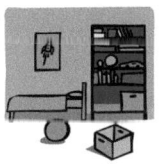

cuarto de los chicos

de Kinnerstuuv

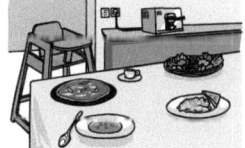

comedor

de Eetstuuv

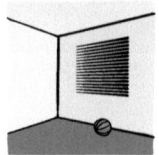

piso
de Footbodden

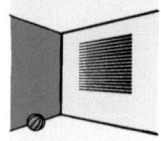

pared
de Wand

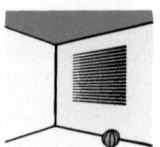

cielorraso
de Deek

sótano
de Keller

sauna
dat Hittluftbad

balcón
de Balkon

terraza
de Terrass

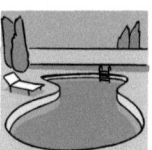

pileta
dat Swümmbad

cortadora de pasto
de Rasenmeiher

sábana
de Bettbetog

acolchado
de Bettdeek

cama
de Puuch

escoba
de Bessen

balde
de Emmer

interruptor
de Schalter

living
de Wahnstuuv

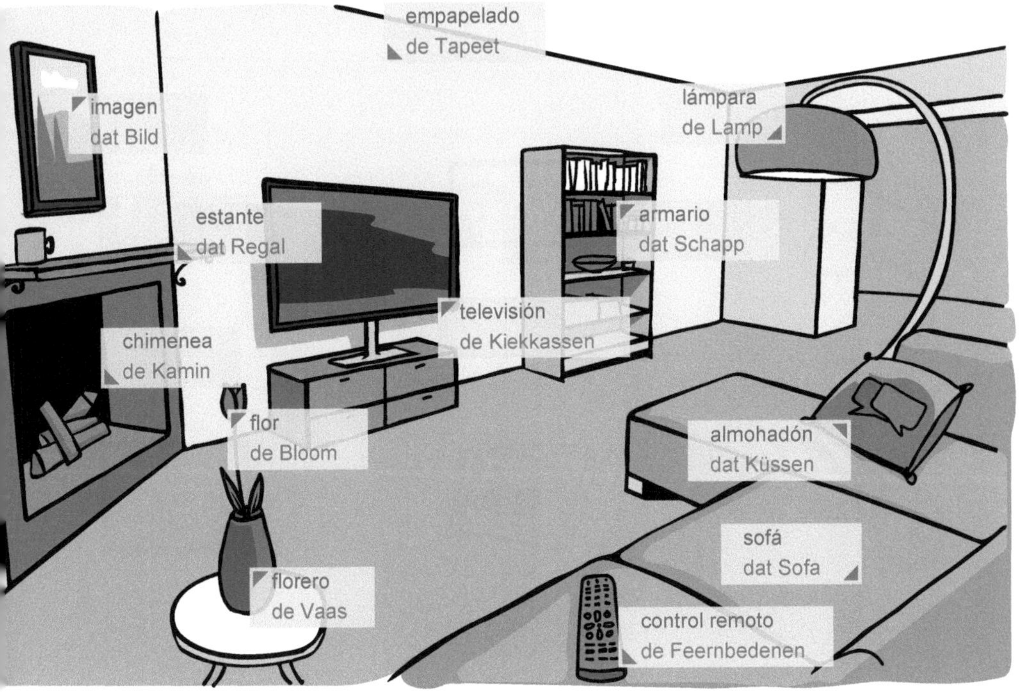
empapelado
de Tapeet
imagen
dat Bild
lámpara
de Lamp
estante
dat Regal
armario
dat Schapp
televisión
de Kiekkassen
chimenea
de Kamin
flor
de Bloom
almohadón
dat Küssen
sofá
dat Sofa
florero
de Vaas
control remoto
de Feernbedenen

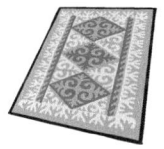

alfombra

de Teppich

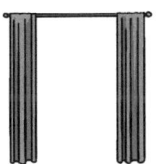

cortina

de Vörhang

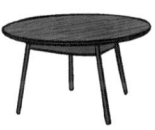

mesa

de Disch

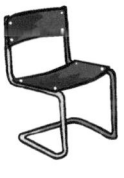

silla

de Stohl

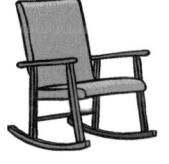

mecedora

de Schuckelstohl

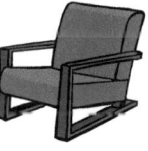

sillón

de Sessel

libro

dat Book

frazada

de Deek

decoración

de Dekoratschoon

leña

dat Füerholt

película

de Film

equipo de música

de Stereoanlaag

llave

de Slötel

diario

dat Narichtenblatt

pintura

dat Gemälde

póster

dat Poster

radio

dat Radio

cuaderno

de Opschrievblock

aspiradora

de Huulbessen

cactus

de Kaktus

vela

de Kars

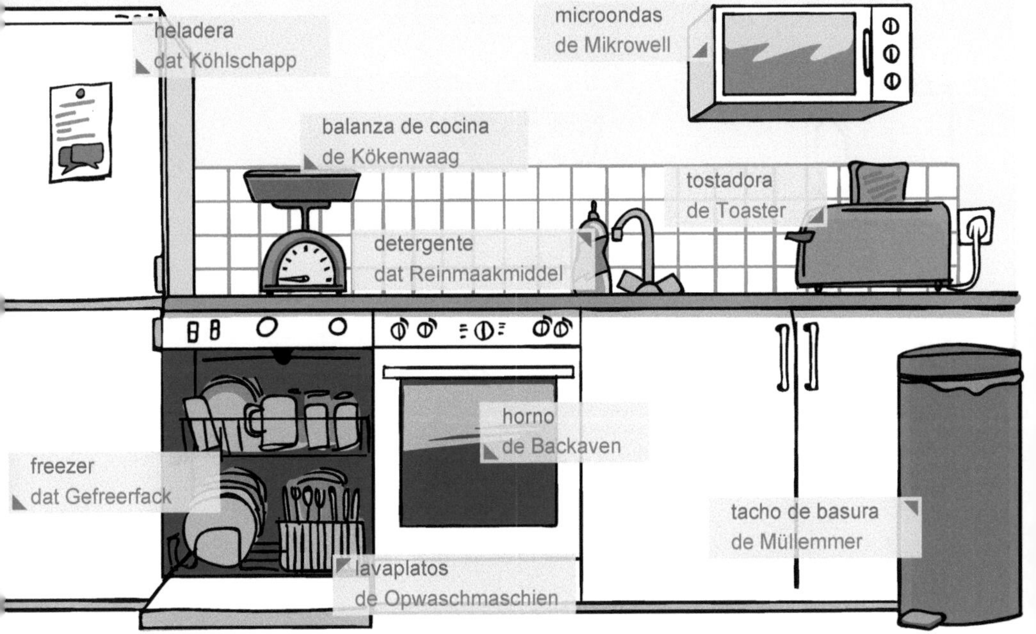

heladera
dat Köhlschapp

microondas
de Mikrowell

balanza de cocina
de Kökenwaag

tostadora
de Toaster

detergente
dat Reinmaakmiddel

horno
de Backaven

freezer
dat Gefreerfack

tacho de basura
de Müllemmer

lavaplatos
de Opwaschmaschien

cocina
de Heerd

olla
de Pott

olla de hierro fundido
de Gussiesern Putt

wok
de Wok / Kadai

sartén
de Pann

pava
de Waterkaker

vaporera

de Dampkaakputt

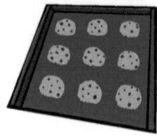

bandeja de horno

dat Backblick

vajilla

dat Geschirr

taza

de Beker

bol

de Schaal

palitos

de Eetsticken

cucharón

de Suppenkell

estpátula

de Pannenwenner

batidora

de Sneebessen

colador

dat Kaakseef

colador

dat Seef

rallador

de Riev

mortero

de Mörser

parrilla

de Grill

fogata

de Füerstell

cocina - de Köök

tabla de picar

dat Sniedbrett

palo de amasar

dat Nudelholt

sacacorchos

de Proppentrecker

lata

de Doos

abrelatas

de Dosenaapner

manopla

de Pottlappen

pileta

dat Waschbecken

cepillo

de Böst

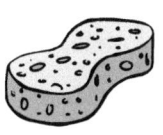

esponja

de Swamm

batidora

de Mixer

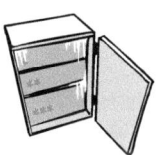

congelador

dat Iesschapp

mamadera

de Nuckelbuddel

canilla

de Waterhahn

baño
de Baadstuuv

calefacción
de Heizung

ducha
de Bruus

toalla
dat Handdook

cortina de ducha
de Bruusvörhang

baño de espuma
dat Schuumbad

bañadera
de Baadwann

vaso
dat Glas

lavarropas
de Waschmaschien

canilla
de Waterhahn

baldosas
de Fliesen

pelela
de lütte Putt

pileta
dat Waschbecken

inodoro	letrina	bidé
de Tante Meier	de Hockklo	dat Bidet

mingitorio	papel higiénico	cepillo para el inodoro
dat Miegbecken	dat Klopapeer	de Kloböst

cepillo de dientes

de Tähnböst

dentífrico

de Tähnpast

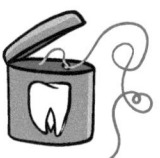

hilo dental

de Tähnsied

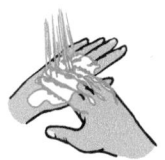

lavar

waschen

ducha de mano

de Handbruus

ducha higiénica

de Intimbruus

palangana

de Waschschöttel

cepillo para espalda

de Rüchböst

jabón

de Seep

gel de ducha

dat Bruusgeel

shampoo

dat Hoorwaschmiddel

toallita

de Waschlappen

desagüe

de Afloop

crema

de Creme

desodorante

dat Deodorant

espejo

de Spegel

espejito

de Kosmetikspegel

maquinita de afeitar

de Raserer

espuma de afeitar

de Raseerschuum

aftershave

dat Raseerwater

peine

de Kamm

cepillo

de Böst

secador de pelo

de Hoordröger

spray

dat Hoorspray

maquillaje

de Smink

lápiz de labios

de Lippensticken

esmalte para uñas

de Nagellack

algodón

de Watt

tijera para uñas

de Nagelscheer

perfume

dat Rüükwater

portacosméticos

de Kulturbüdel

banqueta

de Schemel

balanza

de Waag

bata

de Baadmantel

guantes de goma

de Gummihanschen

tampón

de Tampon

toallita femenina

de Damenbinn

baño químico

dat Chemieklo

cuarto de los chicos

de Kinnerstuuv

despertador
de Wecker
peluche
dat Knudeldeert
coche de juguete
dat Speeltüüchauto
sonajero
de Klöter
casa de muñecas
dat Poppenhuus
regalo
dat Geschenk

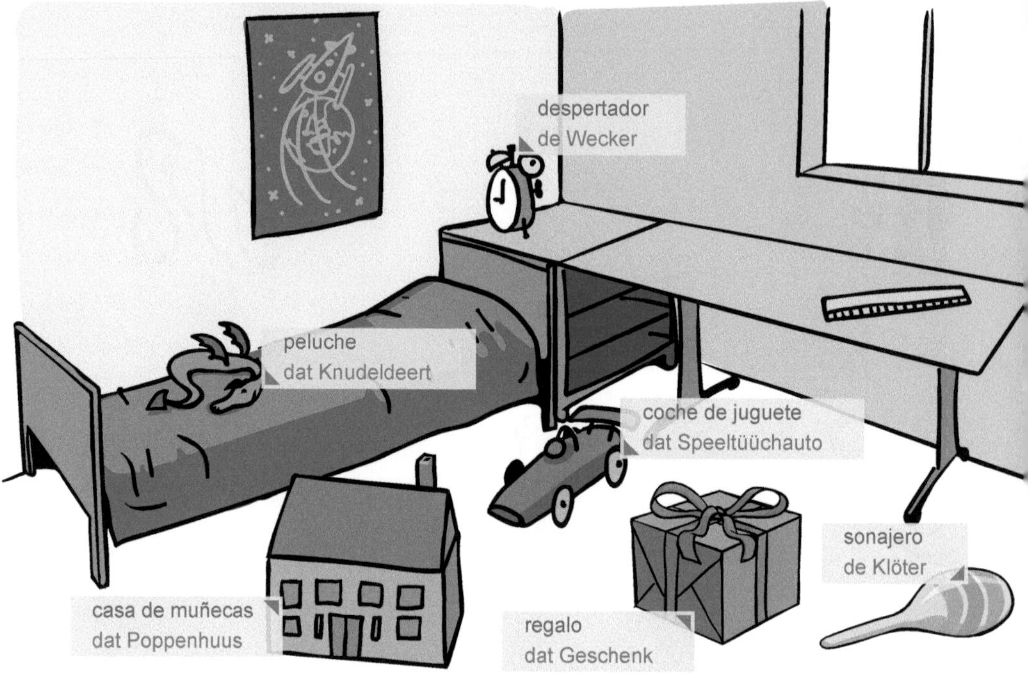

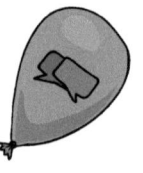

globo
de Luftballon

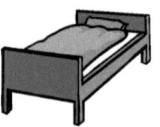

cama
de Puuch

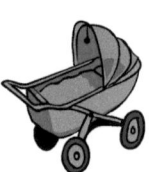

cochecito
de Kinnerwagen

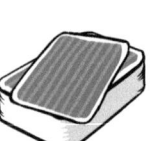

cartas
dat Koortenspeel

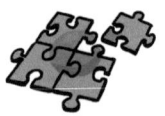

rompecabezas
dat Puzzle

SUPER
MEGA

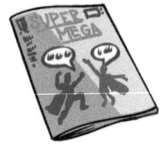

historieta
de Billergeschicht

piezas de lego

de Legostenen

ladrillos de juguete

de Bustenen

figura de acción

de Action-Figur

enterito (de bebé)

de Strampelantog

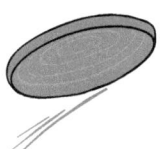

frisbee

de Frisbeeschiev

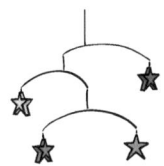

móvil para bebés

dat Mobile

juego de mesa

dat Brettspeel

dados

de Wörpel

tren eléctrico

de Modelliesenbahn

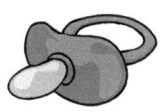

chupete

de Snuller

fiesta

de Party

libro de cuentos ilustrado

dat Billerbook

pelota

de Ball

muñeca

de Popp

jugar

spelen

arenero

de Sandkassen

hamaca

de Schuckel

juguetes

dat Speeltüüch

consola de videojuegos

de Speelkonsool

triciclo

dat Dreerad

osito de peluche

de Teddyboor

armario

dat Klederschapp

ropa

dat Tüüch

medias

de Socken

medias panty

de Strümp

calzas

de Strumpbüx

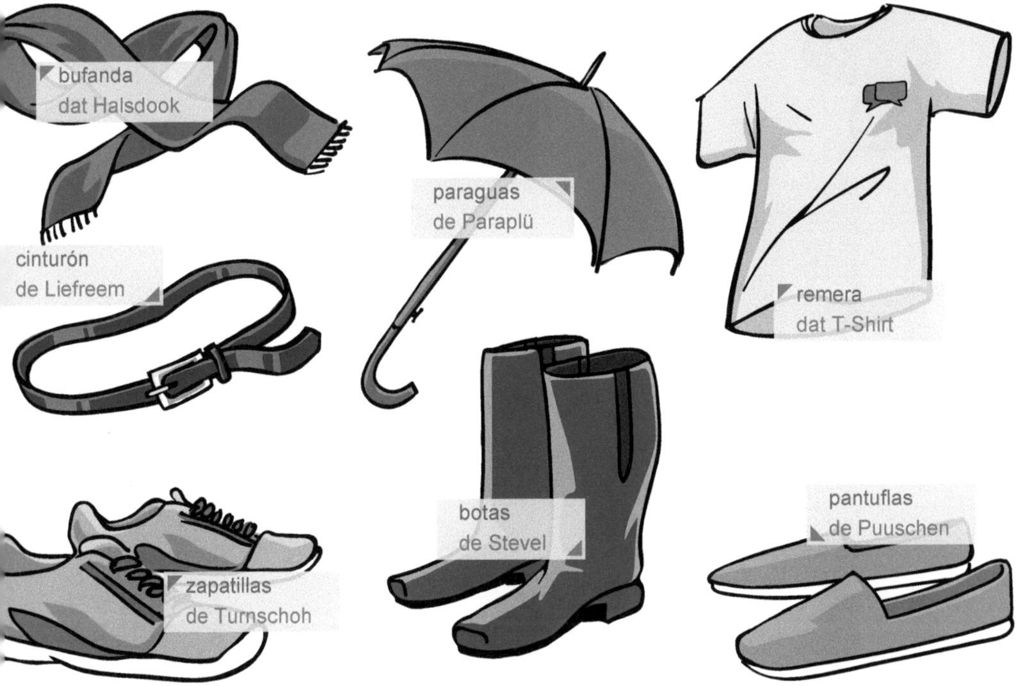

bufanda
dat Halsdook

paraguas
de Paraplü

remera
dat T-Shirt

cinturón
de Liefreem

botas
de Stevel

pantuflas
de Puuschen

zapatillas
de Turnschoh

sandalias
de Sandalen

zapatos
de Schoh

botas de goma
de Gummistevel

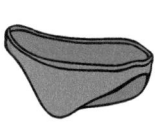

ropa interior
de Ünnerbüx

corpiño
de Bostholler

chaleco
dat Ünnerhemd

body
de Lief

pantalones
de Büx

jeans
de Jeansnüx

pollera
de Rock

blusa
de Bluus

camisa
dat Hemd

pulóver
de Pullover

buzo
de Kapuzenpullover

blazer
de Blazer

campera
de Jack

tapado
de Mantel

piloto
de Övertrecker

traje
dat Kostüm

vestido
dat Kleed

vestido de novia
dat Hochtietskleed

traje

de Antog

camisón

dat Nachtkleed

pijama

de Slaapantog

sari

de Sari

pañuelo para cabeza

dat Koppdook

turbante

de Turban

burka

de Burka

caftán

de Kaftan

abaya

de Abaya

traje de baño

de Baadantog

short de baño

de Baadbüx

shorts

de Korte Büx

jogging

de Antog to'n Öven

delantal

de Schört

guantes

de Handschoh

botón

de Knopp

anteojos

de Brill

pulsera

dat Armband

collar

de Halskeed

anillo

de Ring

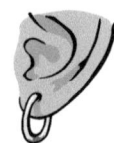

aro

de Ohrbummel

gorra

de Mütz

percha

de Klederbögel

sombrero

de Hoot

corbata

de Binner

cierre

de Rietslüter

casco

de Helm

tiradores

dat Drachtband

uniforme escolar

de Schooluniform

uniforme

de Uniform

babero

de Severböten

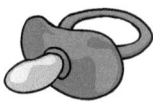

chupete

de Snuller

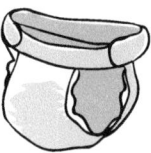

pañal

de Winnel

oficina
dat Büro

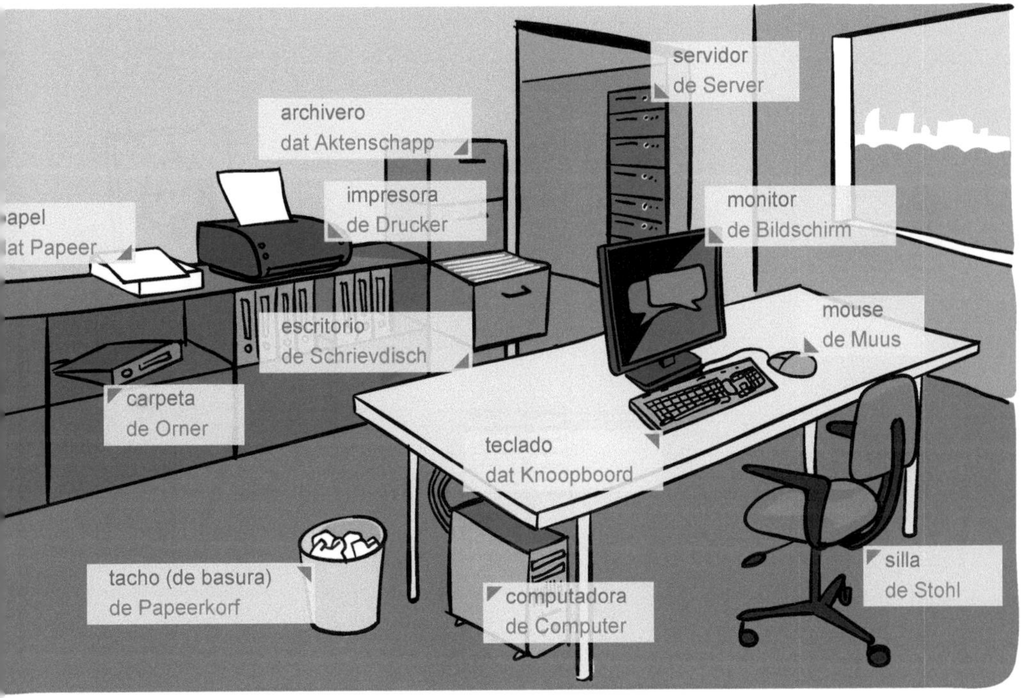

servidor
de Server

archivero
dat Aktenschapp

impresora
de Drucker

monitor
de Bildschirm

apel
at Papeer

escritorio
de Schrievdisch

mouse
de Muus

carpeta
de Orner

teclado
dat Knoopboord

tacho (de basura)
de Papeerkorf

computadora
de Computer

silla
de Stohl

taza de café

de Koffiebeker

calculadora

de Taschenreekner

internet

dat Internet

laptop

de Klappreekner

carta

de Breef

mensaje

de Naricht

celular

de Ackersnacker

red

dat Nettwark

fotocopiadora

de Kopeerapparat

software

de Software

teléfono

de Klöönkassen

tomacorriente

de Steekdoos

fax

de Faxapparat

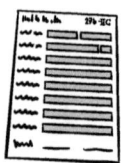

formulario

dat Formulor

documento

dat Dokument

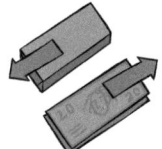

comprar
....
köpen

pagar
....
betahlen

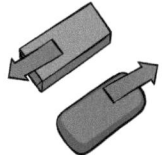

hacer negocios
....
hanneln

dinero
....
dat Geld

dólar
....
de Dollar

euro
....
de Euro

yen
....
de Yen

rublo
....
de Ruvel

franco suizo
....
de Swiezer Franken

yuan
....
de Renminbi Yuan

rupia
....
de Rupie

cajero automático
....
de Geldautomat

casa de cambio

de Wesselstuuv

oro

dat Gold

plata

dat Sülver

petróleo

dat Ööl

energía

de Energie

precio

de Pries

contrato

de Verdrag

impuesto

de Stüer

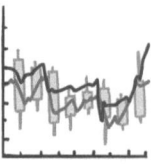

acción

de Andeelschien

trabajar

arbeiden

empleado

de Anstellte

empleador

de Arbeitgever

fábrica

de Fabrik

negocio

de Hökerie

ocupaciones
de Profeschonen

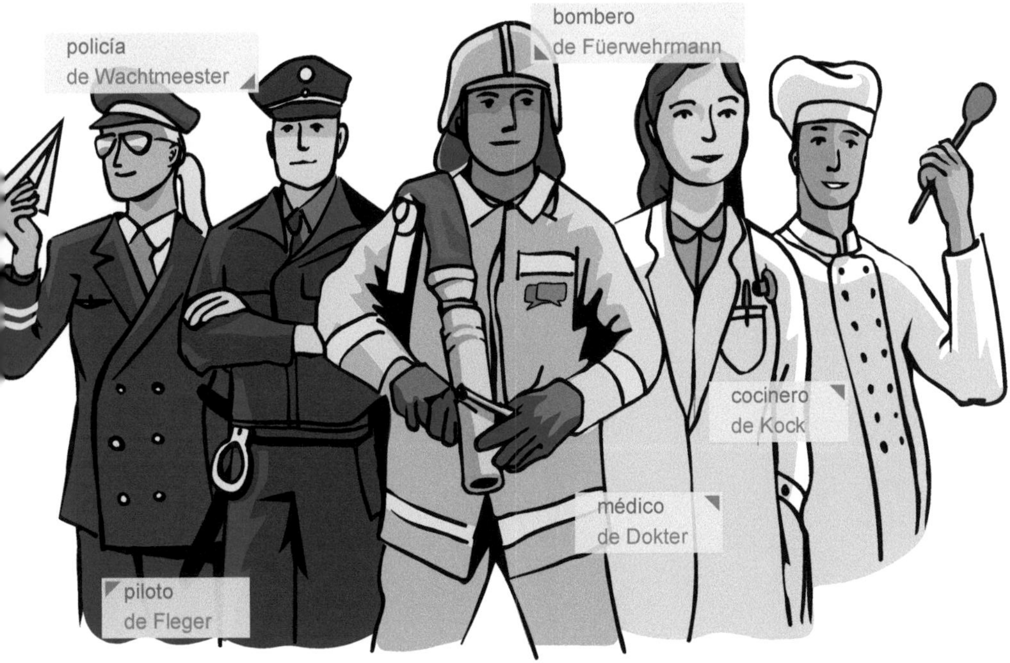
policía
de Wachtmeester
bombero
de Füerwehrmann
cocinero
de Kock
médico
de Dokter
piloto
de Fleger

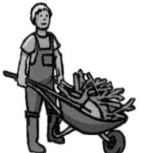

jardinero
de Goorner

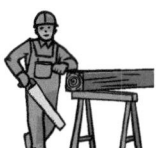

carpintero
de Discher

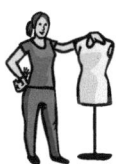

modista
de Neihersche

juez
de Richter

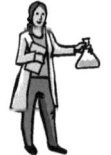

farmacéutico
de Chemiker

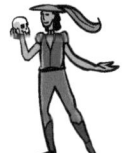

actor
de Schauspeler

colectivero

de Busfohrer

taxista

de Taxifohrer

pescador

de Fischer

mucama

de Reinmaakfru

techista

de Dackdecker

mozo

de Kellner

cazador

de Jäger

pintor

de Maler

panadero

de Bäcker

electricista

de Elektriker

albañil

de Buarbeider

ingeniero

de Ingenieur

carnicero

de Slachter

plomero

de Klempner

cartero

de Postbüdel

soldado

de Suldat

arquitecto

de Architekt

cajero

de Kasserer

florista

de Florist

peluquero

de Putzbüdel

cobrador

de Schaffner

mecánico

de Mechaniker

capitán

de Kaptein

dentista

de Tähndokter

científico

de Wetenschopler

rabino

de Rabbi

imán

de Imam

monje

de Mönk

sacerdote

de Paap

herramientas
dat Warktüüch

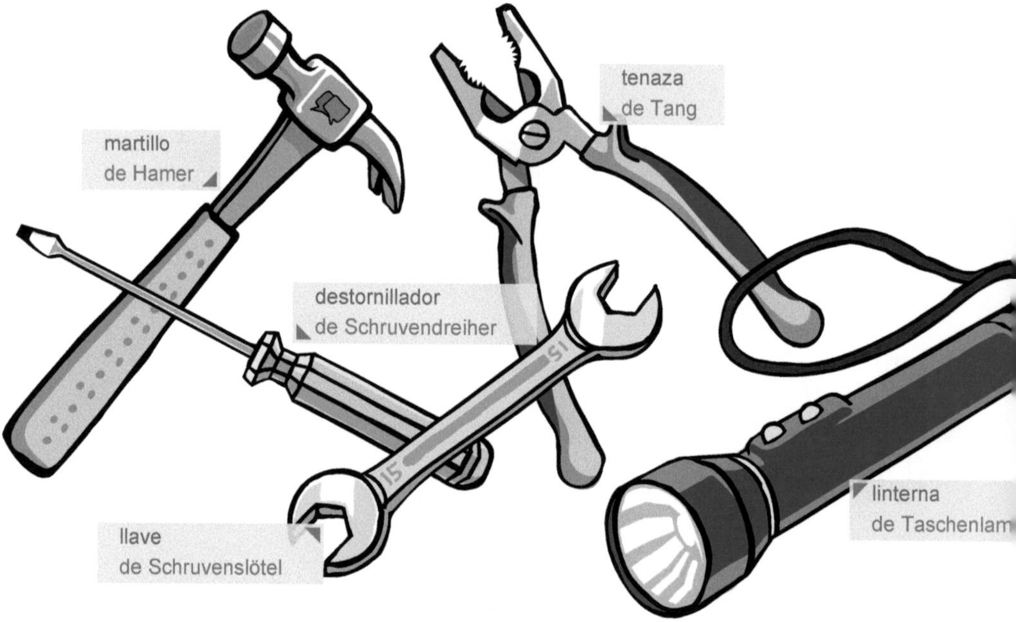

tenaza
de Tang
martillo
de Hamer
destornillador
de Schruvendreiher
linterna
de Taschenlam
llave
de Schruvenslötel

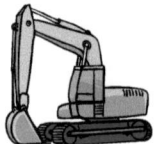

excavadora

de Grieper

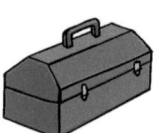

caja de herramientas

de Warktüüchkassen

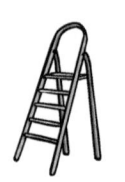

escalera portátil

de Ledder

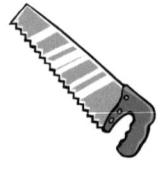

sierra

de Saag

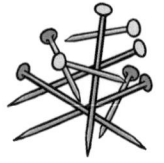

clavos

de Nagels

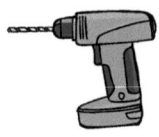

taladro

de Bohrer

arreglar

heelmaken

pala de jardín

de Schüffel

¡Qué bronca!

Schiet!

pala de plástico

dat Kehrblick

tacho de pintura

de Farvpott

tornillos

de Schruven

instrumentos musicales
de Musikinstrumenten

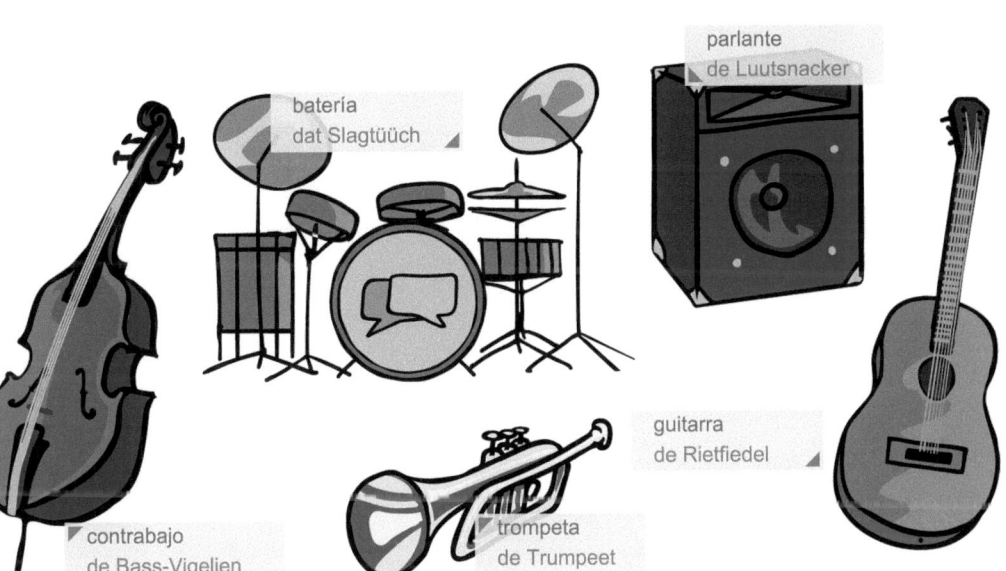

parlante
de Luutsnacker

batería
dat Slagtüüch

guitarra
de Rietfiedel

contrabajo
de Bass-Vigelien

trompeta
de Trumpeet

piano

dat Klaveer

violín

de Vigelien

bajo

de Bass

timbales

de Pauk

tambor

de Trummeln

teclado

dat Keyboard

saxofón

dat Saxophon

flauta

de Fleut

micrófono

dat Mikrofoon

zoológico
de Deertenpark

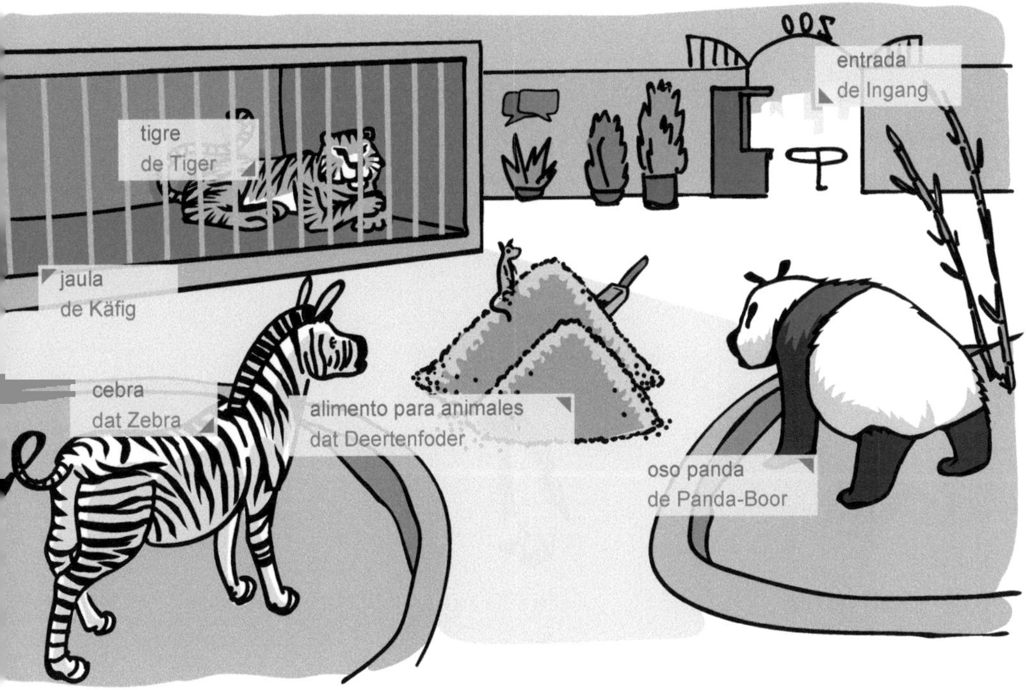
entrada
de Ingang
tigre
de Tiger
jaula
de Käfig
cebra
dat Zebra
alimento para animales
dat Deertenfoder
oso panda
de Panda-Boor

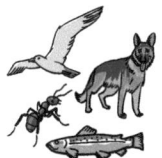

animales
de Deerten

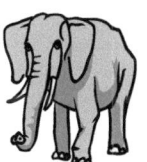

elefante
de Elefant

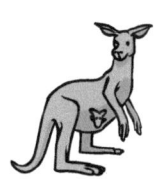

canguro
dat Känguru

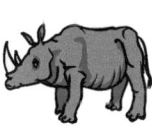

rinoceronte
dat Neeshoorn

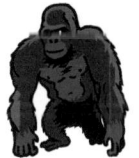

gorila
de Gorilla

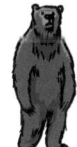

oso
de Boor

camello

dat Kameel

avestruz

de Struuß

león

de Lööv

mono

de Aap

flamenco

de Flamingo

loro

de Papagoi

oso polar

de lesboor

pingüino

de Pinguin

tiburón

de Haifisch

pavo real

de Pageluun

serpiente

de Slang

cocodrilo

dat Krokodil

cuidador del zoológico

de Oppasser in'n
Deertenpark

foca

de Saalhund

jaguar

de Jaguor

poni
dat Pony

leopardo
de Leopard

hipopótamo
dat Nilpeerd

jirafa
de Giraff

águila
de Aadler

jabalí
dat Wildswien

pescado
de Fisch

tortuga
de Schildkrööt

morsa
dat Walross

zorro
de Voss

gacela
de Gazell

deportes
de Sport

fútbol americano
de Amerikaansch Football

ciclismo
dat Radfohren

tenis
dat Tennis

básquet
de Korfball

natación
dat Swümmen

boxeo
dat Boxen

hockey sobre hielo
dat Ieshockey

fútbol
de Football

bádminton
dat Fedderball

atletismo
de Leichtathletik

handball
de Handball

esquí
dat Skilopen

polo
dat Polo

actividades
de Aktivitäten

saltar
springen
abrazar
ümarmen
reír
lachen
caminar
gahn
cantar
singen
soñar
drömen
rezar
beden
besar
snuteln

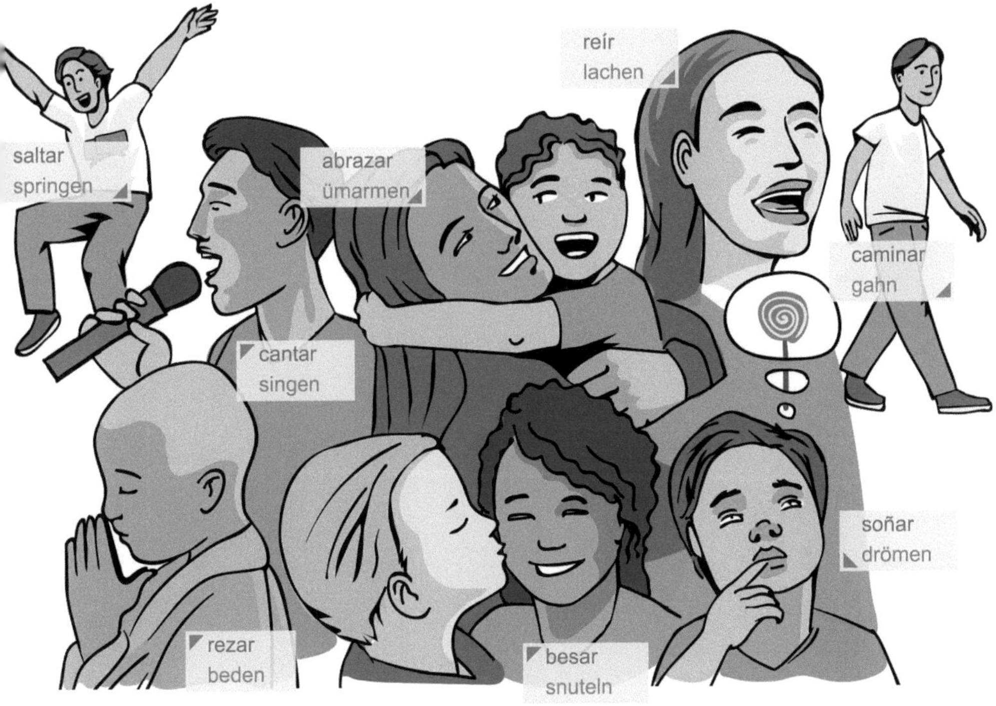

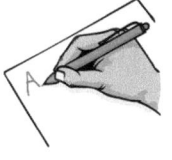

escribir

schrieven

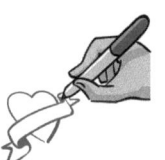

dibujar

teken

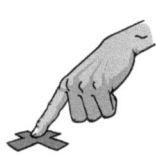

mostrar

wiesen

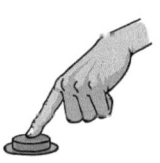

presionar

drücken

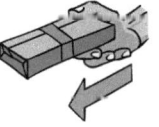

dar

geven

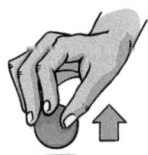

tomar

nehmen

tener
hebben

hacer
doon

ser
sien

estar parado
stahn

correr
lopen

tirar
trecken

tirar
smieten

caer
fallen

estar acostado
liggen

esperar
töven

llevar
dregen

estar sentado
sitten

vestirse
antrecken

dormir
slapen

despertar
opwaken

mirar
....
ankieken

llorar
....
wenen

acariciar
....
eien

peinar
....
kämmen

hablar
....
snacken

entender
....
verstahn

preguntar
....
fragen

escuchar
....
hören

beber
....
drinken

comer
....
eten

ordenar
....
oprümen

amar
....
leefhebben

cocinar
....
kaken

manejar
....
fohren

volar
....
flegen

navegar

segeln

calcular

reken

leer

lesen

aprender

lehren

trabajar

arbeiden

casarse

de Plünnen tohoopsmieten

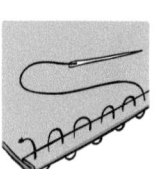

coser

neihen

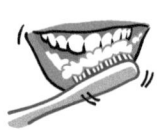

cepillarse los dientes

Tähnen putzen

matar

dootmaken

fumar

smöken

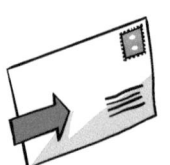

enviar

schicken

familia
de Familje

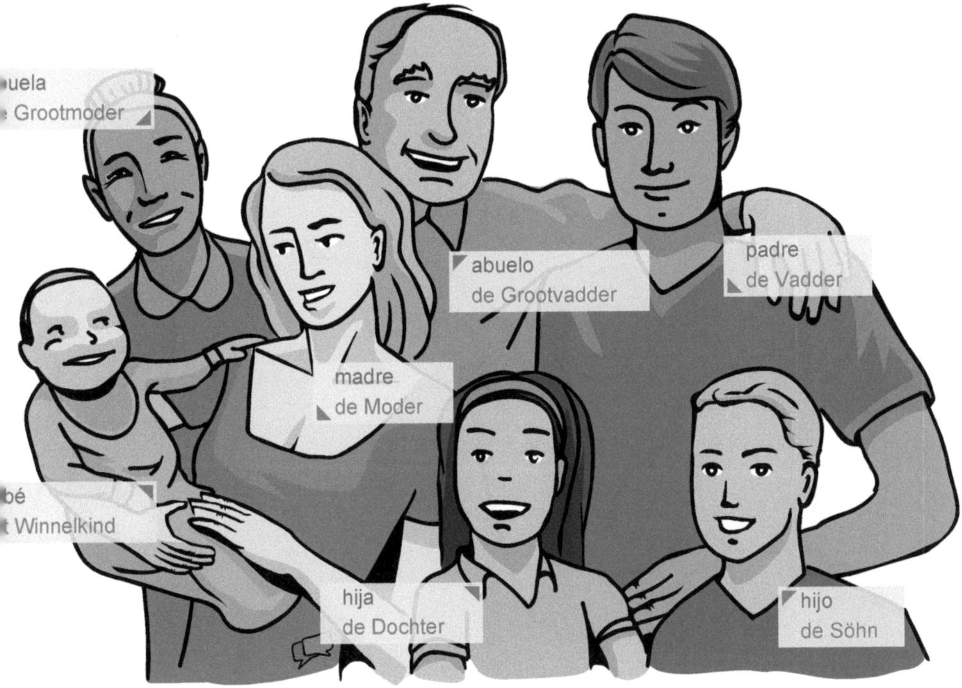
uela
Grootmoder
abuelo
de Grootvadder
padre
de Vadder
madre
de Moder
bé
Winnelkind
hija
de Dochter
hijo
de Söhn

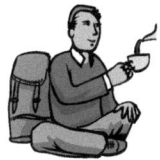

invitado

de Gast

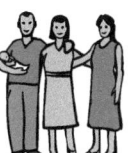

tía

de Tant

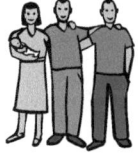

tío

de Unkel

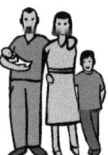

hermano

de Broder

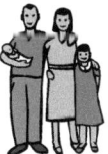

hermana

de Süster

cuerpo

de Lief

frente
de Vörkopp
ojo
dat Oog
hombro
de Schuller
dedo
de Finger
cara
dat Gesicht
pera
dat Kinn
mano
de Hand
pierna
dat Been
pecho
de Bost
brazo
de Arm

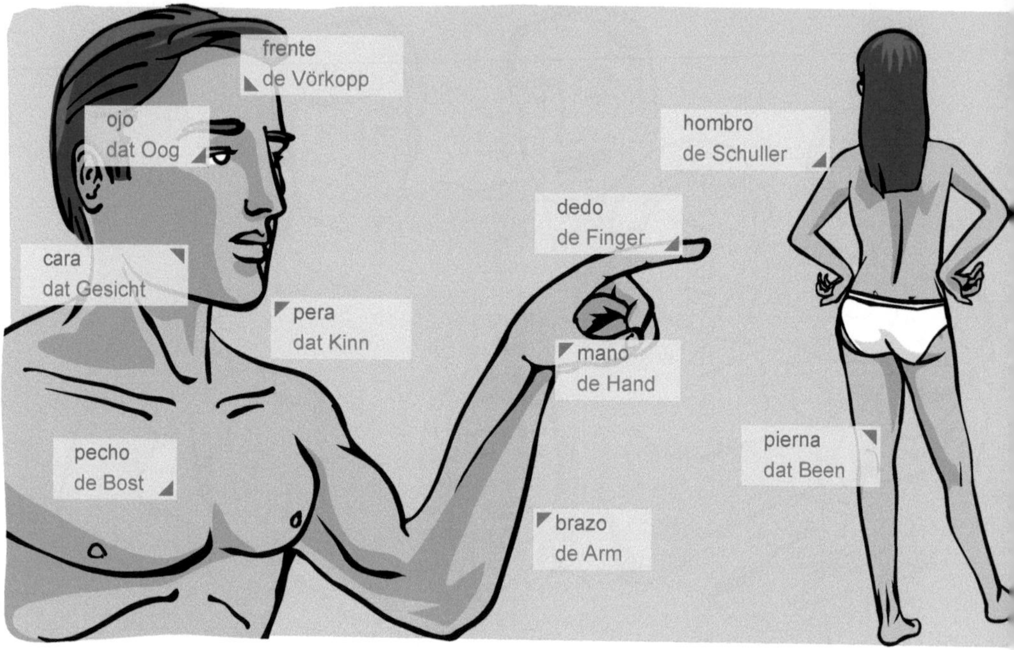

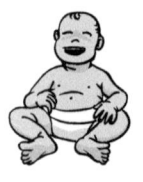

bebé

dat Winnelkind

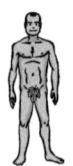

hombre

de Mann

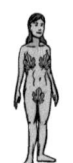

mujer

de Fro

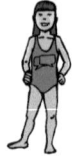

nena

de Deern

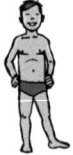

nene

de Jung

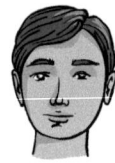

cabeza

de Arm

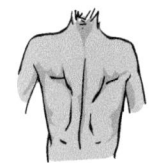

espalda
....
de Rüch

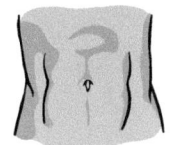

panza
....
de Buuk

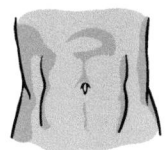

ombligo
....
de Navel

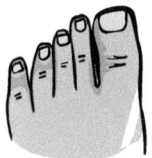

dedo del pie
....
de Teh

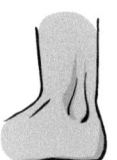

talón
....
de Hack

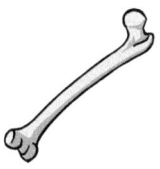

hueso
....
de Knaken

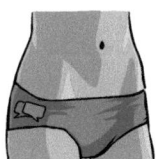

cadera
....
de Hüft

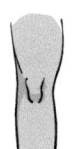

rodilla
....
dat Knee

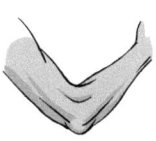

codo
....
de Ellbagen

nariz
....
de Nees

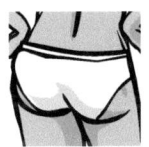

cola
....
de Achtersen

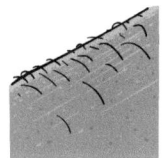

piel
....
de Huut

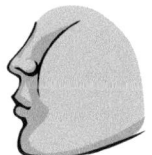

cachete
....
de Back

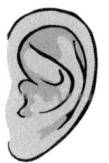

oreja
....
dat Ohr

labio
....
de Lipp

boca

de Mund

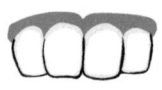

diente

de Tähn

lengua

de Tung

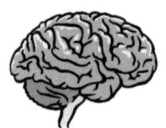

cerebro

de Bregen

corazón

dat Hart

músculo

de Muskel

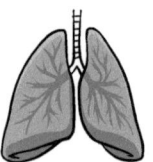

pulmón

de Lung

hígado

de Lever

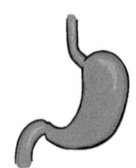

estómago

de Maag

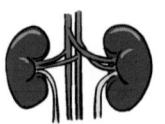

riñones

de Neren

sexo

de Bislaap

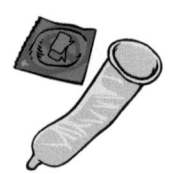

preservativo

dat Kondoom

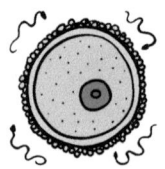

óvulo

de Eizell

semen

dat Sperma

embarazo

de Anner Ümstänn

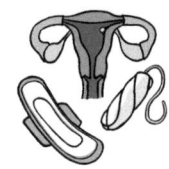

menstruación
de Menstruatschoon

vagina
de Scheed

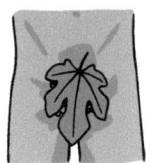

pene
de Pint

ceja
de Ogenbroe

pelo
dat Hoor

cuello
de Hals

hospital
dat Krankenhuus

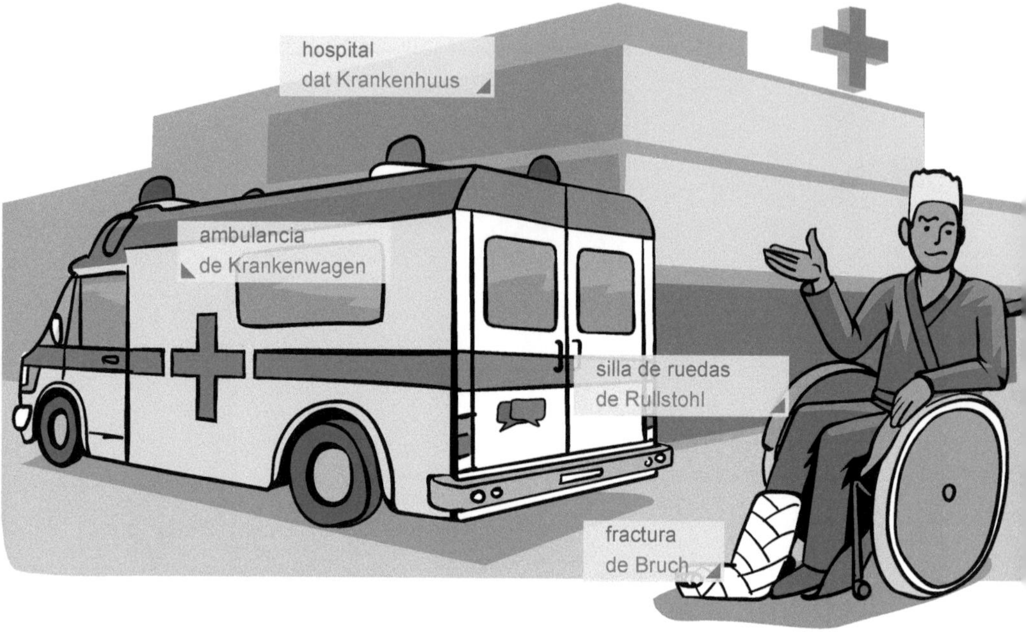

hospital
dat Krankenhuus
ambulancia
de Krankenwagen
silla de ruedas
de Rullstohl
fractura
de Bruch

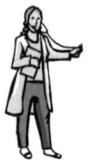

médico

de Dokter

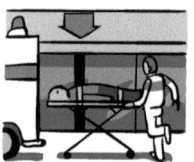

sala de guardia

de Nootopnahm

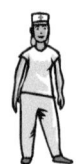

enfermera

de Krankensüster

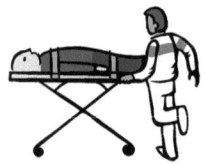

emergencia

de Nootfall

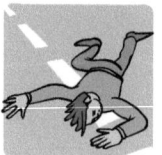

inconsciente

ahnmächtig

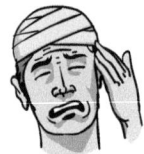

dolor

de Wehdaag

lesión

de Verwunnen

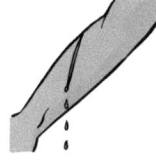

hemorragia

de Blöden

infarto

de Hartinfarkt

ACV

de Slaganfall

alergia

de Allergie

tos

de Hoosten

fiebre

dat Fever

gripe

de Gripp

diarrea

de Dörchfall

dolor de cabeza

de Koppwehdaag

cáncer

de Kreeft

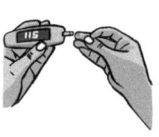

diabetes

de Zuckersüük

cirujano

de Chirurg

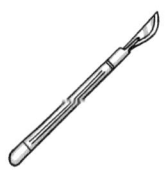

bisturí

dat Chirurgsch Mess

operación

de Operatschoon

TC
....
dat CT

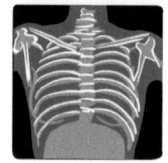

rayos x
....
de Dörchlüchten

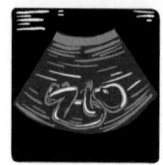

ecografía
....
de Ultraschall

barbijo
....
de Mask

enfermedad
....
de Krankheit

sala de espera
....
de Töövruum

muleta
....
de Krück

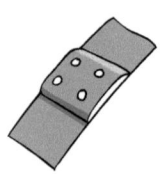

curita
....
dat Plaaster

venda
....
de Verband

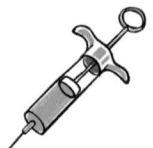

inyección
....
de Insprütten

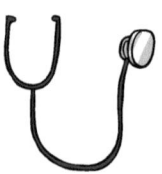

estetoscopio
....
dat Stethoskop

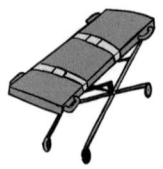

camilla
....
de Draag

termómetro
....
dat Feverthermometer

nacimiento
....
de Geboort

sobrepeso
....
dat Övergewicht

audífono

de Hööraparat

desinfectante

dat Kiemfriemiddel

infección

de Ansteken

virus

de Virus

VIH / SIDA

dat HIV / AIDS

remedio

dat Heelmiddel

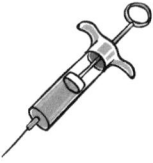

vacunación

de Impen

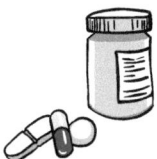

comprimidos

de Tabletten

pastilla anticonceptiva

de Pill

llamada de emergencia

de Nootroop

tensiómetro

de Blootdruck-Meter

enfermo / sano

krank / gesund

¡Ayuda!

Hölp!

alarma

de Alarm

agresión

de Överfall

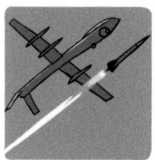

ataque

de Angreep

peligro

de Gefohr

salida de emergencia

de Nootutgang

¡Fuego!

dat Füer!

matafuego

de Füerlöscher

accidente

de Unfall

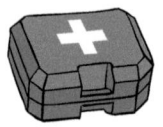

botiquín de primeros
auxilios

de Noothölpkoffer

SOS

SOS

policía

de Polizei

Europa

Europa

América del Norte

Noordamerika

América del Sur

Süüdamerika

África

Afrika

Asia

Asien

Australia

Australien

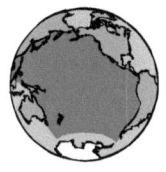

Atlántico

de Atlantik

Pacífico

de Pazifik

Océano Índico

dat Indisch Weltmeer

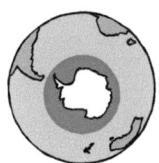

Océano Antártico

dat Antarktisch Weltmeer

Océano Ártico

dat Arktisch Weltmeer

polo norte

de Noordpol

polo sur

de Süüdpol

Antártida

de Antarktis

Tierra

de Eerd

tierra

dat Land

mar

de See

isla

dat Eiland

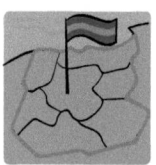

nación

de Natschoon

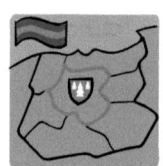

estado

de Staat

esfera

dat Tallenblatt

manecilla de las horas

de Stunnenwieser

minutero

de Minutenwieser

segundero

de Sekunnenwieser

¿Qué hora es?

Wo laat is dat?

día

de Dag

hora

de Tiet

ahora

nu

reloj digital

de digetaalsch Klock

minuto

de Minuut

hora

de Stunn

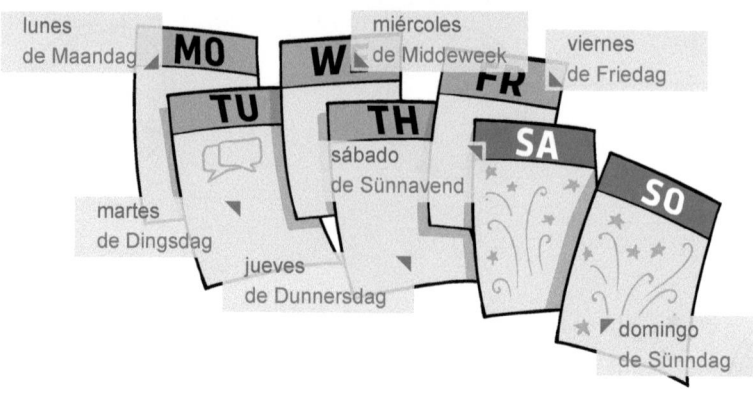

lunes
de Maandag

miércoles
de Middeweek

viernes
de Friedag

sábado
de Sünnavend

martes
de Dingsdag

jueves
de Dunnersdag

domingo
de Sünndag

ayer

güstern

hoy

hüüt

mañana

morgen

mañana

de Morgen

mediodía

de Meddag

tarde

de Avend

días hábiles

de Arbeitsdaag

fin de semana

dat Wekenenn

lluvia
de Regen

arco iris
de Regenbagen

nieve
de Snee

viento
de Wind

primavera
dat Fröhjohr

otoño
de Harvst

verano
de Sommer

invierno
de Winter

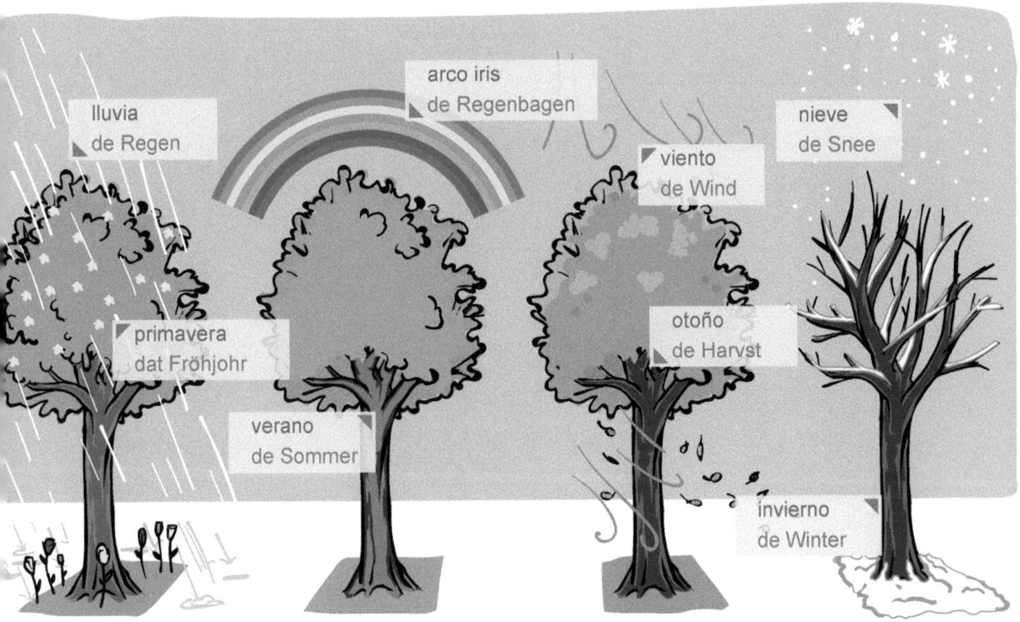

pronóstico meteorológico
de Wedervörhersaag

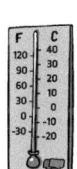

termómetro
dat Thermometer

luz del sol
de Sünnenschien

nube
de Wulk

niebla
de Nevel

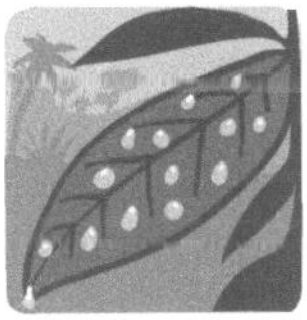

humedad
de Luftfuchtigkeit

rayo

de Blitz

trueno

de Dunner

tormenta

de Storm

granizo

de Hagel

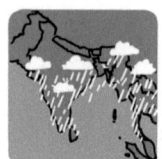

monzón

de Monsun

inundación

de Floot

hielo

dat Ies

enero

de Januormaand

febrero

de Februormaand

marzo

de Martmaand

abril

de Aprilmaand

mayo

de Maimaand

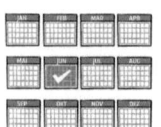

junio

de Junimaand

julio

de Julimaand

agosto

de Augustmaand

año - dat Johr

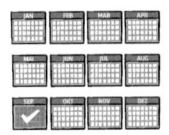

septiembre

de Septembermaand

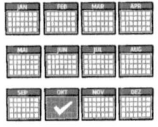

octubre

de Oktobermaand

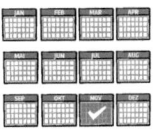

noviembre

de Novembermaand

diciembre

de Dezembermaand

formas
de Formen

círculo

de Krink

cuadrado

dat Quadrat

rectángulo

dat Rechteck

triángulo

dat Dreeeck

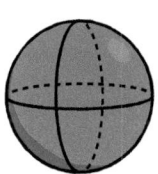

esfera

de Kugel

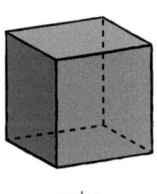

cubo

de Wörpel

blanco

witt

amarillo

geel

naranja

orangsch

rosa

pink

rojo

root

violeta

lila

azul

blau

verde

gröön

marrón

bruun

gris

gries

negro

swart

mucho / poco

veel / wenig

enojado / tranquilo

böös / verdreeglich

lindo / feo

smuck / mies

principio / fin

de Begünn / dat Enn

grande / chico

groot / lütt

claro / oscuro

hell / düüster

hermano / hermana

de Broder / de Süster

limpio / sucio

schier / schietig

completo / incompleto

kumpleet / nich kumpleet

día / noche

de Dag / de Nacht

muerto / vivo

doot / lebennig

ancho / angosto

breet / small

comestible / no comestible

....

geneetbor / nich geneetbor

malo / amable

....

böös / fründlich

entusiasmado / aburrido

....

fickerig / langwielt

gordo / flaco

....

dick / dünn

primero / último

....

toeerst / toletzt

amigo / enemigo

....

de Fründ / de Fiend

lleno / vacío

....

vull / leddig

duro / blando

....

hart / week

pesado / liviano

....

swoor / licht

hambre / sed

....

de Smacht / de Döst

enfermo / sano

....

krank / gesund

ilegal / legal

....

nich na't Recht / na't Recht

inteligente / estúpido

....

klook / dummerhaftig

izquierda / derecha

....

linkerhand / rechterhand

cerca / lejos

....

neeg / feern

nuevo / usado
nieg / bruukt

nada / algo
nix / wat

viejo / joven
oolt / jung

encendido / apagado
an / ut

abierto / cerrado
apen / slaten

silencioso / ruidoso
lies / luut

rico / pobre
riek / arm

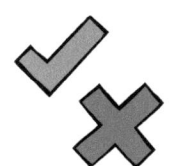

correcto / incorrecto
richtig / verkehrt

áspero / suave
ruug / glatt

triste / contento
trurig / glücklich

corto / largo
kort / lang

lento / rápido
suutje / flink

mojado / seco
natt / dröög

caliente / frío
warm / köhl

guerra / paz
de Krieg / de Freden

0

cero

null

1

uno

een

2

dos

twee

3

tres

dree

4

cuatro

veer

5

cinco

fief

6

seis

söss

7

siete

söven

8

ocho

acht

9

nueve

negen

10

diez

teihn

11

once

ölven

12

doce

twölf

13

trece

dörteihn

14

catorce

veerteihn

15

quince

föffteihn

16

dieciséis

sössteihn

17

diecisiete

söventeihn

18

dieciocho

achtteihn

19

diecinueve

negenteihn

20

veinte

twintig

100

cien

hunnert

1.000

mil

dusend

1.000.000

millón

million

inglés

dat Engelsch

inglés americano

dat Amerikaansch Engelsch

chino mandarín

dat Chineesch Mandarin

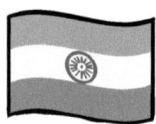

hindi

dat Hindi

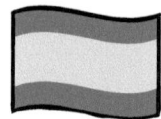

español

dat Spaansch

francés

dat Franzöösch

árabe

dat Araabsch

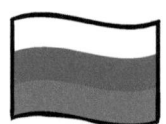

ruso

dat Rusch

portugués

dat Portugiesch

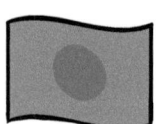

bengalí

dat Bengaalsch

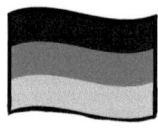

alemán

dat Düütsch

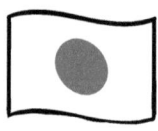

japonés

dat Japaansch

yo

ik

vos

du

él / ella

he / se / dat

nosotros

wi

ustedes

ji

ellos

se

¿quién?

keen?

¿qué?

wat?

¿cómo?

woans?

¿dónde?

woneem?

¿cuándo?

wannehr?

nombre

de Naam

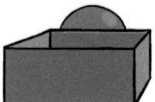

detrás

achter

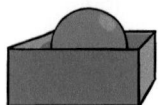

en

in

adelante de

vör

por encima de

över

sobre

op

debajo de

ünner

al lado de

blangen

entre

twüschen

lugar

de Oort